Colette Pilon

LA COMMUNICATION MASS-MÉDIATIQUE AU CANADA ET AU QUÉBEC

UN CADRE SOCIO-POLITIQUE